WE ARE UKRAINE

МИ Є УКРАЇНА

WE ARE UKRAINE

МИ Є УКРАЇНА

PYP Publish Your Purpose

PYP Publish Your Purpose

For permission requests, write to the publisher, addressed "Attention: Permissions Coordinator," at the address below.

Maidan United, Inc.
P.O. Box 290276
Wethersfield, CT 06129
Phone: (860) 337-6207
Email: info@maidanunited.org

The opinions expressed by the Author are not necessarily those held by Publish Your Purpose.

Ordering Information: Quantity sales and special discounts are available on quantity purchases by corporations, associations, and others. For details, contact Maidan United at info@maidanunited.org.

Cover and interior design by: Cornelia Murariu

Printed in the United States of America.
ISBN: 979-8-88797-025-7 (hardcover)
ISBN: 979-8-88797-024-0 (paperback)
ISBN: 979-8-88797-026-4 (ebook)

Library of Congress Control Number: 2023934733

First edition, July 2023.

WE ARE UKRAINE
МИ Є УКРАЇНА

DEDICATION

This book is dedicated to every Ukrainian child and family who has suffered at the hands of Russia's attacks on their homeland. We see you. We hear you. Our support is with you.

Every dollar from the proceeds of this book will go toward helping the people of Ukraine.

ABOUT MAIDAN UNITED

Maidan United Inc. is a CT-based non-profit organization (registered 501c3) based out of Hartford, Connecticut. Our mission is to provide much-needed medical supplies to the people of Ukraine.

We were founded in 2014 when Russia invaded Ukraine. Since 2014, we've raised nearly $1,000,000 USD in funds and medical supplies. All of our donations go toward helping civilians impacted by Russia's war on Ukraine.

We work with contacts and organizations in and around Ukraine to get them access to medical equipment and supplies. To date we have been able to purchase multiple ambulances, surgical devices, x-ray machines, and rehabilitation items. We receive ongoing requests from hospitals, children's hospitals, and other medical facilities for hospital-grade and military-grade supplies, which we then arrange for shipment (from the U.S.) and then the delivery once on the ground in Ukraine.

Every dollar raised from this book will go directly toward aiding Ukrainians impacted by the war.

DONATE NOW

Every dollar counts and our Ukrainian brothers and sisters need your continued support. We ask that you consider making a donation in whatever amount you are able to. There is no donation too small.

https://www.maidanunited.org/donate

MAIDAN UNITED

A LETTER FROM THE PUBLISHER

Dear Reader,

Publish Your Purpose is pleased to have partnered with Maidan United in the creation of this book. We have personally seen the direct impact that this war has had on the Ukrainian community abroad and in our own backyard in Connecticut.

When we realized we had an opportunity to make a difference and create a ripple effect of impact, we jumped at the chance to put this book together.

What you will read and see over the following pages is nothing short of heartbreaking. You will read the stories and see the imagery that children from ages 4 to 17 shared with us.

This book will give you an entirely new perspective on what this war is doing to children, from the 5-year-old who is afraid that their house will be bombed, to the 7-year-old who wants nothing more than to go back home to Ukraine, to every child included in this book who is mourning the loss of a loved one.

It is our hope that you open up your hearts, explore the stories and artwork within this book, and then share it with someone else so that we can continue to spread awareness of the individual price of war.

Maidan United is an incredible organization based in Hartford, Connecticut, and has a mission to help those directly affected by the war through raising funds and providing military-grade medical supplies to hospitals, including children's hospitals. These supplies are saving the lives of the adults who surround the children in the pages of this book.

We urge you to make a financial contribution to Maidan United if possible, which you can do through their website at www.MaidanUnited.org.

Thank you! Дякую!

Jenn T. Grace, Founder, Publish Your Purpose

Ukrainian culture means pride for me
Українська культура для мене означає гордість
ШКОЛА
Діти мають право на життя!
Україна
Все буде Україна!
ЗСУ
Ми переможемо!

WE ARE UKRAINE

Each child featured in this book answered one of the following questions. It is our hope that you are able to see the devastating impact of this war through the lens of a child.

What does this war mean to you?

What does Ukrainian culture mean to you?

Please note: You will see differences in the reprinted quality of some of the following artwork, which is a direct result of the circumstances of the children.

Some children were creating this artwork in a literal war zone.

Maya Latham, 4

Лейтем, Майя

Ukrainian culture is very beautiful.

Українська культура дуже красива.

Matviy Melnychyk, 4

Мельничук, Матвій

This house is fabulous, unusual, and colorful.

Цей будиночок казковий, незвичайний, кольоровий.

Ukraine is a state, home, and protection.

Україна - це держава, дім та захист.

Olga Melnyk, 5

Мельник, Ольга

For me, Ukrainian culture is the culture of all my ancestors; it's the history of me and my people. It's what is inside me from birth and what needs to be protected.

Для мене українська культура - це культура усіх моїх предків, історія мене і мого народу. Це те, що вже закладене в нас від народження і те, що потрібно берегти.

The people who follow the Russian war against Ukraine will know this dog. He has been searching for mines and is very famous now.

Пес Патрон став героєм війни! Вірний друг людини. Допомагає шукати міни і розміновувати території. Його знають всі.

Michael Repeta, 5

Репета, Михайло

War is a horror! In Ukraine, kids are missing or dying, and their parents are crying. The whole world should help Ukraine to stop the war and help kids and people just like mommy does.

Війна це терор!! Діти пропадають і вмирають, батьки плачуть!! Світ повинен допомогти Україні зупинити цю війну і допомогти дітям і людям так, як мама це робить.

Iryna Kamburova, 5

Камбурова, Ірина

CHILDREN HAVE A RIGHT TO LIVE!

For me, the War is something that I am afraid of very much. I am afraid that a bomb will hit our home and we will all die. I really want the war to be over as soon as possible.

В моєму розумінні війна це стан, якого я страшенно боюся. Я боюся, що бомба вцілить в наш дім і ми всі загинемо. Дуже хочу, щоб війна закінчилась якнайшвидше.

Камбурова Ірина
5 років
ШКОЛА
ДІТИ МАЮТЬ
ПРАВО НА
ЖИТТЯ!

Yana Katran, 5

Катрань, Яна

For me, war is fear, worry, and also sadness from separation from my Dad, who is defending our land from enemies.

Для мене війна це страх, переживання, а ще сум від розлуки з татусем, який боронить нашу землю від ворогів.

Elizaveta Duchak, 6

Дучак, Єлизавета

Phoenix bird

Птаха фенікс

This is a bird that lives in the artist's head and is reborn every time, like Ukraine.

Це така птиця, що живе в голові художника і щоразу відроджується, як Україна.

УКРАЇНА

Andriy Stakh, 7

Стах, Андрій

For me, Ukraine is my native home, my friends, my family and traditions! This is the home where I want to return, where I want to celebrate my birthday and go to school!

Для мене Україна - це моя Батьківщина, моя сім'я, мої друзі. Це дім, до якого я хочу завжди повертатись, святкувати свій день народження, ходити до школи.

Markian Pelekh, 7

Пелех, Маркіян

This is the country in which I live. I love her so much.

Це країна в якій я живу. Я її дуже люблю.

Demian Kitsyla, 7

Кіцила, Дем’ян

Ukraine is my motherland. Ukraine is delicious borscht, it›s a richly laid out table, an embroidery, and a place with happy people. Ukraine is freedom and goodness.

Україна- це моя Батьківщина. Україна-це смачний борщ, щедро накритий стіл, вишиванка, місце щасливих людей. Україна-це воля, добро.

Danulo Omelyan, 7

Омел'ян, Данило

This is my home. It's where my family lives. Ukraine is very strong and will win the war without a doubt. Glory to Ukraine! Glory to the Heroes!

Це мій дім. Тут живе моя рідня. Україна дуже сильна і обов'язково переможе у війні. Слава Україні! Героям Слава!

Anastasia Volyanska, 8

Волянська, Анастасія

Ukrainian culture means pride for me.

Українська культура для мене означає гордість.

Yarema Levytskyi, 8

Левицький, Ярема

PORTRAIT

Портрет

I can't think of anything better than Mom being happy!

Я не можу нічого кращого придумати, як тільки, щоб мама була щаслива!

Yana Ukrainian, 8

Українець, Яна

I AM FOR UKRAINE.

Я за Україну.

This is such a proud Ukrainian woman, in an embroidered dress with a Ukrainian medal on her chest.

Це така горда українка у вишиванці з українською відзнакою на грудях.

Eva Vuhovanets, 8

Вихованець, Єва

UKRAINE

Україна

*I am drawing how beautiful Ukraine is.
Our flag colors are made from the color
of the sky and a field of wheat.*

Я малюю чудову Україну з прапором
кольору неба і колосків пшениці.

Yana Petzukh, 8

Пецух, Яна

This is us, Ukrainians.

Це ми, українці.

We Ukrainians are all one family:
with heaven, earth, people.

Ми, українці, усі одна родина:
з небом, землею та людьми.

Adelina Komisar, 8

Комісар, Аделіна

Ukrainians have their own territory on this Earth and they prove it by fighting hard for it.

Українці мають свою власну територію на планеті Земля. Захищають і будуть захищати її щоденною тяжкою боротьбою.

Diana Kamburova, 9

Камбурова, Діана

GOD SAVE KIDS AND UKRAINE. IT IS NOT THE CHILDREN'S FAULT.

For me and my family, the war is a fear of losing our home, staying without food, and losing our relatives. For me, the war is losing the place where I live.

Для мене і моєї родини війна - це страх втратити дім, залишитися без їжі, втратити рідних. Для мене війна - це втрата місця, де я живу.

Камбурова Діана
9 років
Діти ні в чому не винні!
Боже Бережи Дітей і Україну

Nazarii Abramiuk, 9

Абрамюк, Назарій

PORTRAIT OF A MOTHER

Портрет мами

My biggest dream is that when the war ends, my mother will be young and happy!

Я найбільше мрію, щоб після закінчення війни, моя мама знову буде молода і щаслива!

Valery Maximov, 9

Максимів, Валерія

OJ U LUZI CHERVONA KALYNA

Ой у лузі червона калина

This is our city, in the branches of red viburnum.

Це наше місто, в кетягах червоної калини.

Dmytro Orlov, 9

Орлов, Дмитро

A Russian tank shot at my house. This war means horror, fear, and destroyed plans for my family. This shouldn't have happened to us.

Російський танк знищив мій дім. Ця війна - це жахіття, терор. Вона зруйнувала мрії моєї родини. Цього не повинно було статись.

Isabella Dumansky, 9

Думанська, Ізабелла

It feels super upsetting and frustrating.
It's my country and my country needs help.

Це надзвичайно засмучує та розчаровує. Це моя країна і моїй країні потрібна допомога. Слава Україні!

Ivanko Holod, 9

Холод, Іванко

Ukraine is my country. I really like it. Ukraine is the best, dearest, most beautiful place to me.

Україна - це моя країна. Вона мені дуже подобається. Вона для мене найкраща, найрідніша, найкрасивіша.

Yaroslav Sudorko, 10

Ярослав, Сидорко

Ukraine is a strong and free country. Ukraine is my Homeland

Україна сильна та вільна країна - це моя Батьківщина.

Dylan Latham, 10

Лейтем, Дилан

Ukrainian culture makes me feel brave.

Українська культура робить мене сміливим.

Maria Dmytrash, 10

Дмитраш, Марія

When we free everything, up to the sea, then the sun will rise differently!

Як звільнимо все, аж до моря, то сонце зійде інакше!

Sunrise

Схід сонця

Vladyslav Sharovskyi, 10

Шаровський, Владислав

For me, this war is a very unpleasant way of life. Our heroes are fighting for liberty, peace, and happiness. I want everything to be good.

Для мене війна це дуже неприємний спосіб життя. Наші герої борються за свободу, мир та щастя. Я хочу щоб все було добре!

Anastasiya Gavatyuk, 10

Гаватюк, Анастасія

This war is a terrible event; it would be better if it never happened.

Для мене війна це дуже жахлива подія. Краще, щоб її ніколи не було.

Ukrainian culture, for me, is something beautiful, groovy, fabulous, and it's most definitely very cool.

Для мене українська культура це щось дуже прекрасне та незвичайне. Однозначно, вона класна.

Yustina Hrytsayuk, 10

Грицаюк, Юстина

This is a little girl - Ukraine. Although she is small, the whole army obeys her, and even the angels. On the ground on which she steps, flowers bloom, and the church flourishes. From the thorns, leaves start to grow and open a peaceful sky. Next to the sun is a flag that shows that Ukraine is next to God himself.

Це маленька дівчинка - Україна. Хоч вона і маленька, та її слухається вся армія. І навіть ангели. По землі, по якій вона ступає, зацвітають квіти і процвітає церква. З тернів виростають такі листочки, які відкривають мирне небо. А біля сонця прапор, який показує, що Україна біля самого Бога.

Kateryna Smadych, 11

Смадич, Катерина

For me, war is the suffering of the people, and it is terrible.

Війна для мене - це страждання людей. Для мене - це дуже жахливо.

Ukrainian culture, for me, is the dowry of our Ukraine. It was created by our ancestors, they fought for it and it is our job to protect and not forget it.

Для мене значення українська культура - це спадщина нашої України. Її творили наші предки і боролися за неї, а нам потрібно її зберегти і не забувати.

Смадич Катерина

Iryna Olyunina, 11

Олюніна, Ірина

For me, war is pain.

Для мене війна це біль.

Ukraine for me is home, love, and happiness.

Україна для мене це дім, любов та щастя.

Mariana Holod, 11

Холод, Мар'яна

The Ukrainian language is very beautiful to me. Great songs, sincere friends, and picturesque landscapes. My homeland.

Україна для мене це гарна мова, це чудові пісні, щирі друзі та мальовничі краєвиди. Україна - моя Батьківщина.

Khrystyna Kostiv, 11

Костів, Христина

Name of the painting:
We believe in you

Напис на малюнку:
ми довіряемо вам.

Ukraine is the best place on earth, its where I feel at home.

Україна - це найкраще місце на землі, де я почуваюся вдома.

Natalia, 11

Наталочка

This is the country in which I was born, study, live and grow. This is my home, it's where my friends and relatives are. My Ukraine is my native land, it's the home to very kind people who save animals. These are courageous and brave boys and girls who protect us.

Це країна, в якій я народилася, вчуся, живу і росту. Тут мій дім, тут є мої друзі і родичі. Моя Україна - це рідна земля, це дуже добрі люди, які рятують тваринок. Це мужні і сміливі хлопці і дівчата, які захищають нас.

Yevangelina Semenova, 11

Семенова, Євангеліна

For me, war is something you always have to fight for.

Для мене війна це таке, за яке потрібно боротися завжди.

For me, Ukrainian culture is something unusual and unique.

Для мене українська культура це щось незвичайне і неповторне.

Artur Lupashku, 12

Лупашку, Артур

For me, war is a terrible time when people die.

Для мене війна це жахливий час коли помирають люди.

Ukrainian culture for me is the best culture and joy.

Українська культура для мене це найкраща культура і радість.

Nicol Luchaninova, 12

Лучанінова, Ніколь

For me, this war is like a horrible dream. Sometimes life can be unpredictable, but it leaves deep wounds in your heart.

Для мене війна - це як жахливий сон. Іноді в житті трапляється таке, що неможливо передбачити, але воно залишає глибокі рани в серці.

For me, Ukrainian culture is something unique, something that can't be replicated. It's something that gives us life.

Для мене українська культура - це щось неповторне, що неможливо скопіювати. Це речі, які дають нам життя.

Все буде УКРАЇНА!
ЗСУ
МИ переможемо!

Svyatoslav Burliuk, 12

Бурлюка, Святослав

For me Ukrainian culture is a mirror of our indestructibility.

Для мене українська культура є дзеркалом нашої незламності.

Olexandra Cheban, 12

Чебан, Олександра

The war is terrible for me. Many civilians and soldiers died in the war. I hope it will be over soon.

Війна для мене жахлива. На війні померло дуже багато військових і цивільних. Сподіваюсь, що вона закінчиться вже скоро.

Ukrainian culture to me is the wealth of our dear Ukraine, which we should glorify. I think we need to know about our past.

Українська культура для мене - це багатство нашої рідної України, яку ми маємо прославляти. Думаю, ми маємо знати про наше минуле.

Nazar Omelyan, 12

Омел'ян, Назар

This is my homeland, it's where I live. We are a big friendly family. Her language is very lyrical. I love her very much.

Це моя Батьківщина, бо тут я живу. Це велика дружня родина. В неї дуже милозвучна мова. Я її дуже люблю.

Lukian Pelekh, 12

Пелех, Лук'ян

This is my homeland.

Це моя Батьківщина.

Olena Osadcha, 13

Осадча, Олена

Vyshyvanka, in the hands—viburnum.
In my heart—Ukraine.
In me is her strength and freedom,
the destiny of our nation.
Language is the soul of Ukraine,
and I am her faithful child.

Вишиванка - у руках калина.
В моїм серці Україна.
В мені її сила і воля.
Роду нашого доля.
Мова - душа України.
Я - її вірна дитина.

Marta Holod 13

Холод, Марта

This is the place where I was born and live. This is the most beautiful, most picturesque country with brave and strong people. Sweet-sounding nightingale language and ancient history. Ukraine is us, each of us. Each of us is responsible for what the future will be.

Це місце, де я народилася і живу. Це найкрасивіша, найживописніша країна зі сміливими і сильними людьми, милозвучною солов'їною мовою і давньою історією. Україна - це ми. Кожен з нас несе відповідальність за те, якою вона буде.

Tetiana Lutsiv, 13

Луців, Тетяна

Ukraine is my motherland. Free and independent. The place where I was born and live.

Україна—це моя Батьківщина. Вільна та незалежна. Місце де я народилася та живу.

The word on the stone is “coffin”. On the road sign it reads “NovogrAD” and “GorengrAD”. The capital letters at the end of the words means HELL.

Катерина Осовська, 13

Osovska, Kateryna

Let's seed the wounded land with flowers.

Засіємо зранену землю квітами.

I know that there will be a lot of work after the VICTORY, but we will be able to restore everything!

Я знаю, що буде багато праці після ПЕРЕМОГИ, але ми зможемо відновити все!

Anastasiya Nazarko, 13

Назарько, Анастасія

War for me is the extermination of our Ukrainian culture; in short, a horrific crime.

Війна для мене це—знищення нашої української культури і це жахливий злочин.

Ukrainian culture and Ukraine are very important to me. They are a part of me, which means that I can't be without them.

Українська культура і Україна для мене дуже важливі речі, частинка мене, тобто без неї я не можу.

Svitlana Kolichenko, 13

Коліченко, Світлана

For me, this war is a rude intrusion of strangers into our land. It's a destruction of what has been created over many years and centuries. It's what our Ukrainians are fighting against, so that our country could be free.

Для мене війна це нагле вторгнення чужих людей на нашу землю. Це руйнування того, що створювалось роками, століттями. Це те, з чим борються українці, щоб наша країна була вільна.

For me, Ukrainian culture is MY home, my dear home. Ukrainian culture is our traditions, cuisine, nature, people, architecture, and it's what our people, our Ukrainians, are fighting and dying for.

Для мене Україна та українська культура це мій рідний дім, традиції, їжа, природа, люди, архітектура і це те, за що борються та вмирають наші люди, українці.

Світлана Кошеченко

1. Для мене війна це начало вторгнення чужих людей на нашу землю. Це руйнування того що створювалося роками, століттями. Це те з чим борются українці щоб наша країна була вільна.

2. Для мене Україна та українська культура це МІЙ дім, мій рідний дім. Українська культура це традиції, їжа, природа, люди, архітектура і це те за що борються та вмирають наші люди, українці.

Слава Україні!
Українська мова та література
Тримайся!

Nina Alexandrova, 14

Александрова, Ніна

For me, this war means standing up for your rights. This is a very difficult time, and each one of us should be joining this fight, each in their place.

Для мене війна - це відстоювання прав. Це дуже важкий час, тому кожен з нас може і мусить долучитися до боротьби, кожен на своєму місці.

For me, Ukrainian culture and Ukraine is not just the famous creative works and architecture. It's our language and people. Our culture depends on each one of us; we should be developing our language, cinematography, and music.

Для мене українська культура і Україна - це не тільки наші відомі твори і архітектура, це мова і люди. Від кожного з нас залежить наша культура, кожен з нас має розвивати українську мову, українське кіно і українську музику.

Iryna Vasylkiv, 14

Васильків, Ірина

For me, Ukraine is a free, independent state. And that's why we have to protect it and fight for it. After all, this is our country and we love it.

Для мене Україна це вільна, незалежна держава, тому ми воюємо і захищаємо її. І взагалі, це наша країна і ми її любимо.

Say NO to WAR
we need peace

Victoria Bashinskaya, 14

Башинська, Вікторія

War for me means the bloodshed of the innocent, suffering, and separation from all the dearest people.

Війна для мене означає кровопролиття невинних, страждання, розлука з усіма найріднішими людьми.

Fatima Esmeralda Orbinate, 14

Орбінате, Фатіма Есмеральда

FEELING OF WAR

Відчуття війни

When alarms and the sounds of sirens spread fear and anxiety.

Коли тривога і звуки сирени сіють страх і неспокій.

Yulian Kitsyla, 15

Кіцила, Юліан

Ukraine is my motherland. Ukraine is a delicious borscht, a richly laid table, an embroidery, a place of happy people.

Україна - це моя Батьківщина. Україна - це смачний борщ, щедро накритий стіл, вишиванка, місце щасливих людей.

МИ переможемо.
СЛАВА УКРАЇНІ!
РУСКІЙ ВОЄННИЙ КОРАБЕЛЬ ІДИ НАХ!Й:)

Sofia Senyk, 16

Сеник, Софія

My heart immediately warms when I hear the word Ukraine! Because it's my native home, my childhood, my memories, and at the same time freedom and independence.

Мені одразу стає тепло на душі, коли я чую слово Україна! Бо це рідна домівка, дитинство, спогади та водночас свобода і незалежність.

Nadiya Shevchuk, 17

Шевчук, Надія

There is nothing worse than war.
It breaks the fate of people, the war
takes everything from you, and
only emptiness remains inside.

Немає нічого страшнішого
війни. Війна руйнує надію,
забирає все, що у тебе є,
залишає смуток і пустку в душі.

The following drawings were created by children living in an orphanage in Ukraine. Their names have not been captured, but their drawings speak louder than words.

Наступні малюнки створені дітьми, які проживають у дитячих будинках в Україні. Хоча їхні імена невідомі, але їхні малюнки говорять більше, ніж слова.

ГОЛУБ МИРУ
СЛАВА УКРАЇНІ

НЕБО
палаючі хмари
СЛЬОЗИ
але я тримаюсь
РАНОК
але боюсь спати
ТИХО
але я лякаюсь
Але я боюсь не зустрітися літом

УКРАЇНА
Ukraine

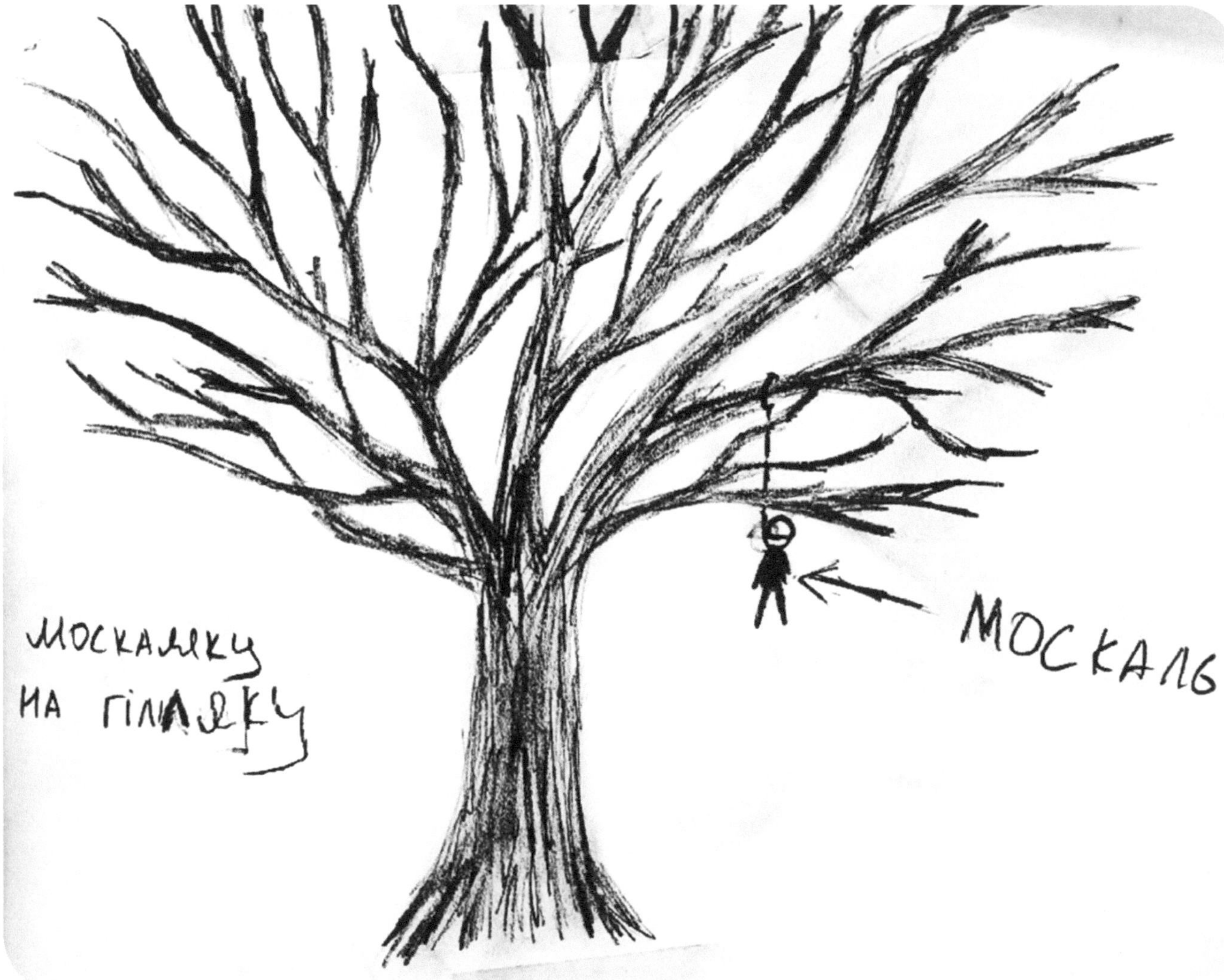
москаляку
на гілляку
МОСКАЛЬ

Україна все зможе
СЛАВА УКРА

Україна Переможе
Героям Слава!!!

Ukraine

This is
Ukraine

Україна
понад усе

ACKNOWLEDGMENTS

Thank you to the entire Board of Directors of Maidan United for your tireless work in helping Ukrainians in need. With a special thanks to Kateryna Hebert, Taras Dumansky, Sofia Dumansky and Oleksiy Diakiv for their immense contributions to making this book happen.

Thank you to all of the amazing volunteers who have been working around the clock since February 2022 to help us do this important work. With a special thanks to Galyna Latham and Halyna Dumansky for all of their time in helping us collect this incredible art.

Thank you to every single person who has made a financial contribution to Maidan United since 2014 when we first began. We have been able to impact the lives of so many people through your generous contributions and will continue to do so through the proceeds of this book.

Thank you to the Publish Your Purpose team for fully funding the publication of this book. We are grateful for your support and belief in us.

And finally, thank you to the Ukrainian people for showing the world what it means to have pride in your country, your culture, and your heritage—you are the true definition of what it means to be resilient in the face of adversity.

DEAR READER,

Thank you for reading this book and joining the Publish Your Purpose community! You are joining a special group of people who aim to make the world a better place.

What's Publish Your Purpose About?

Our mission is to elevate the voices often excluded from traditional publishing. We intentionally seek out authors and storytellers with diverse backgrounds, life experiences, and unique perspectives to publish books that will make an impact in the world.

Beyond our books, we are focused on tangible, action-based change. As a woman- and LGBTQ+-owned company, we are committed to reducing inequality, lowering levels of poverty, creating a healthier environment, building stronger communities, and creating high-quality jobs with dignity and purpose.

As a Certified B Corporation®, we use business as a force for good. We join a community of mission-driven companies building a more equitable, inclusive, and sustainable global economy. B Corporations® must meet high standards of transparency, social and environmental performance, and accountability as determined by the nonprofit B Lab®. The certification process is rigorous and ongoing (with a recertification requirement every three years).

How Do We Do This?

We intentionally partner with socially and economically disadvantaged businesses that meet our sustainability goals. We embrace and encourage our authors and employee's differences in race, age, color, disability, ethnicity, family or marital status, gender identity or expression, language, national origin, physical and mental ability, political affiliation, religion, sexual orientation, socio-economic status, veteran status, and other characteristics that make them unique.

Community is at the heart of everything we do—from our writing and publishing programs to contributing to social enterprise nonprofits like reSET (https://www.resetco.org/) and our work in founding B Local Connecticut.

We are endlessly grateful to our authors, readers, and local community for being the driving force behind the equitable and sustainable world we are building together.

To connect with us online, or publish with us, visit us at www.publishyourpurpose.com.

Elevating Your Voice,

Jenn T. Grace, Founder, Publish Your Purpose

PYP Publish Your Purpose

If you are interested in having Publish Your Purpose produce a similar book project for you and your school district, please contact **hello@publishyourpurpose.com**.

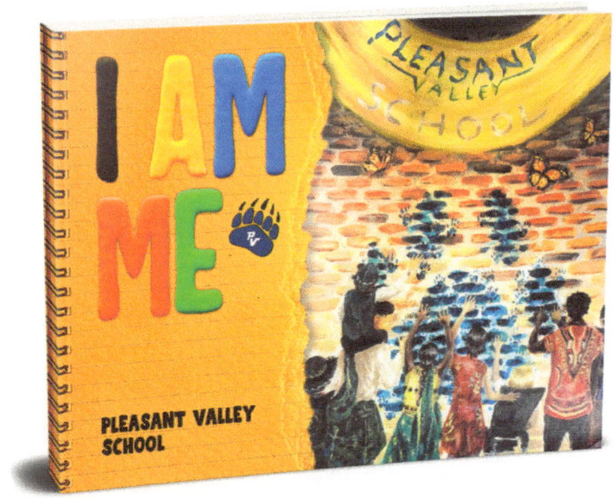

Printed in the USA
CPSIA information can be obtained
at www.ICGtesting.com
JSHW041621060923
47898JS00002B/3